EL CONCEPTO DE LA ESTRATEGIA DEL OCÉANO AZUL

Las claves del famoso método para superar a la competencia

Por Pierre Pichère
En colaboración con Brigitte Feys
Traducido por Marina Martín Serra

Economía y empresa 50MINUTOS.es

LAS CLAVES PARA EL ÉXITO

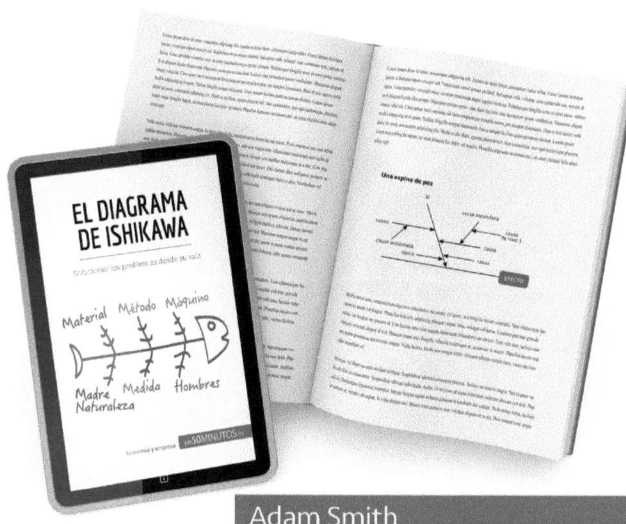

Adam Smith

El principio de Pareto

El estrés laboral

La pirámide de Maslow

www.50minutos.es

EL CONCEPTO DE LA ESTRATEGIA DEL OCÉANO AZUL

DATOS CLAVE

- **¿Denominaciones?** La estrategia del océano azul, *Blue Ocean Strategy* en inglés.
- **¿Utilidad?** Estrategia de empresa, *marketing*, innovación.
- **¿Por qué es eficaz?** Metodología para librarse de la competencia y garantizar el rendimiento, adaptabilidad a todos los sectores de la economía.
- **¿Palabras clave?** Océano azul, océano rojo, estrategia, innovación o creación de nuevos espacios estratégicos, competencia, empresa.
  - W. Chan Kim, nacido en 1952, es miembro del Foro Económico Mundial de Davos y considerado por la *Harvard Business Review* como uno de los pensadores más influyentes en la gestión de empresas. Junto con Renée Mauborgne, codirige el Blue Ocean Strategy

Institute en el INSEAD (acrónimo en francés del Instituto Europeo de Administración de Empresas), donde es también profesor.

○ <u>Renée Mauborgne</u>, nacido en 1963, es al mismo tiempo una reconocida profesora de estrategia y la codirectora del Blue Ocean Strategy Institute. En 2013, fue valorada entre los cinco mejores docentes de los programas MBA y un año más tarde recibió el premio C. Sloane, otorgado por la asociación de empresas de consultoría, por la excelencia en su investigación.

INTRODUCCIÓN

En el entorno internacional y en constante movimiento en el que evolucionan hoy las empresas, la creatividad desempeña un papel cada vez más importante para el rendimiento a largo plazo. Sin embargo, las ideas innovadoras a menudo derivan de la necesidad de un cambio de perspectiva en la política de innovación de las empresas. La estrategia del océano azul ilustra esta idea a la perfección.

Historia

Esta estrategia, que expusieron en 2005 W. Chan Kim y Renée Mauborgne en la obra *Blue Ocean Strategy: How to Create Uncontested Market Space and Make the Competition Irrelevant*, traducida a 43 lenguas y de la que se han vendido más de 3,5 millones de ejemplares en el mundo, pretende replantear los fundamentos de la teoría de innovación estratégica de las empresas. Además, invita a todos los agentes económicos a que actúen del mismo modo —a través de innovaciones creativas concretas llamadas «rompedoras»— mediante la inversión en tecnología, la conquista de nuevos mercados o la colaboración con otros actores socioeconómicos.

La tesis de estos dos investigadores es la culminación de una serie de estudios y está en la línea de otras investigaciones llevadas a cabo por, entre otros, el arquitecto Clayton Christensen (nacido en 1952) y el director de Deloitte US, Michaël Raynor (nacido en 1967). Ofrece muchas herramientas para crear un proceso sistemático de innovación.

En 2007 se creó el Instituto de la Estrategia del Océano Azul, en el campus de Fontainebleau (Francia), delante del INSEAD, para profundizar en el concepto. La obra de los dos autores, por su parte, les ha aportado numerosos premios y el reconocimiento internacional en el campo de los negocios y en el universo del *marketing*.

Definición del modelo

El modelo del océano azul redefine el sistema de representación clásica de una estrategia de desarrollo. Igor Ansoff (1918-2002) y Michael E. Porter (nacido en 1947) forman parte también de esta reflexión sobre la estrategia corporativa, con la *Corporate Strategy* (1965) del primero, una de las primeras obras que trata sobre las estrategias de negocios, o con los modelos de las cinco fuerzas de la competencia y de la cadena de valor del segundo. Hoy en día, sus reflexiones siguen empleándose en muchos sectores.

W. Chan Kim y Renée Mauborgne diferencian dos tipos de mercados en los que se desarrollan los agentes económicos:

- los mercados llamados «**océanos rojos**» representan los mercados saturados, donde las oportunidades de crecimiento son poco frecuentes, puesto que en ellos intervienen muchos actores que combaten ferozmente para ampliar su cuota de mercado. El color rojo hace referencia a la competencia, pero también a los proveedores, clientes y prescriptores que buscan por sí mismos optimizar sus márgenes y su cuota de mercado u otros índices de rentabilidad (algunas veces a costa de deslocalizaciones, fusiones, quiebras, etc.);
- los mercados llamados «**océanos azules**» designan, por el contrario, nuevos campos en los que una empresa evoluciona sola y encuentra muy poca o ninguna competencia, gracias a una innovación radical. Esta innovación modifica la estructura del mercado mediante la creación de una infinidad (como un océano) de nuevas demandas y, aunque sus autores la llaman «innovación en valor», es más comúnmente conocida como «innovación útil».

La estrategia del océano azul se distingue considerablemente de los enfoques clásicos centrados en la diferenciación según la calidad, el liderazgo en costes o la concentración, invitando a las empresas a no estar satisfechas con los parámetros existentes en términos de oferta y demanda, y a explorar otros límites para aportar valor nuevo y obtener una posición de liderazgo.

TEORÍA Y PRESENTACIÓN DEL CONCEPTO

W. Chan Kim y Renée Mauborgne proponen un análisis que combina estrategia, *marketing* e innovación mediante su diferenciación de los océanos rojos y los océanos azules.

OCÉANOS ROJOS *VERSUS* OCÉANOS AZULES

El análisis del ciclo de vida de un producto, que proviene del *marketing*, es un clásico: después del lanzamiento se suceden el crecimiento, la madurez y el declive. Este razonamiento tiene en cuenta esencialmente el volumen de ventas y la duración de la vida del producto (cuanto más rápida sea la velocidad de innovación, más corto será el ciclo de vida del producto).

Pero, ¿qué sucede con la rentabilidad actual y potencial? Depende de la competencia, que determina el precio, pero también de la capacidad de la empresa para gestionar su propio precio de coste y para desarrollar estrategias de penetración que le aseguren una elevada cobertura en el mercado. Con frecuencia, un producto en plena fase de crecimiento es comercializado por varios vendedores, y es aquí donde empieza la carrera por la caída de los precios. Esto es precisamente a lo que W. Chan Kim y Renée Mauborgne llaman «océano rojo», para designar un espacio estratégico conocido con unas fronteras aceptadas por los actores, dentro de las que se libra una dura batalla competitiva. Así, se entiende que la simple aplicación de esta tipología comporta la toma de decisiones estratégicas en materia de cartera de productos y de equilibrios financieros en términos de rentabilidad y de crecimiento a corto, medio y largo plazo.

Los océanos rojos se multiplican en el contexto económico contemporáneo ya que la mayoría de productos se posicionan en mercados maduros. Además, la apertura internacional de casi la totalidad de los mercados favorece la multiplicación de los actores, lo que implica una cierta competencia, difícilmente compensada con la aparición regular de nuevos sectores económicos como resultado de los avances tecnológicos. W. Chan Kim y Renée Mauborgne subrayan que la teoría tradicional de las empresas explica a los responsables de la toma de decisiones la manera de sobrevivir en un océano rojo: concentración en el *core business* (actividad principal), deslocalización para bajar los precios de coste, etc.

La estrategia del océano azul, por el contrario, les invita a abandonar los océanos rojos, demasiado poco creadores de valor, para navegar hacia los océanos azules, nuevos espacios estratégicos donde cada empresa evolucionará sola y, por lo menos durante un tiempo, no estará sometida a las limitaciones de una competencia excesiva y de una lucha de precios.

La creación de valor

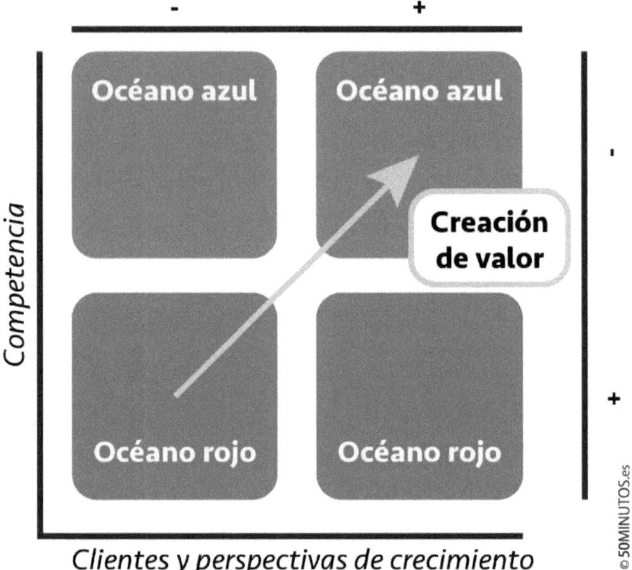

CAMBIAR DE OCÉANO GRACIAS A LA INNOVACIÓN EN VALOR

La clave para pasar de un océano rojo a un océano azul es la innovación. Pero la innovación únicamente tecnológica no es suficiente. W. Chan Kim y Renée Mauborgne llaman «innovación en valor» al proceso de demarcación radical que abre el camino hacia el océano azul. Este valor tiene que cobrar sentido tanto para la empresa, en busca de rendimiento económico, como para el consumidor al que hay que satisfacer.

Sin duda, la innovación tal como la describen los dos autores no tiene nada externo para los actores económicos, y en eso se distingue del planteamiento neoclásico tradicional, que considera la innovación como algo exógeno. La innovación depende de una resolución voluntaria de la empresa, que deberá reformular todo su planteamiento para realizar la transición con éxito, llevada por los propios actores económicos. Este planteamiento de la innovación se remonta a Jean-Baptiste Say (periodista economista, 1767-1832) y se perpetua hasta nuestros días a través de economistas tan diferentes como Karl Marx (1818-1883) o Joseph Schumpeter (1883-1950).

La denominación de innovación en valor hace referencia a la finalidad del océano azul: crear más valor tanto para los compradores, lo que permitirá también conseguir nuevos, como para la empresa, cuyas estructuras de costes serán redefinidas en profundidad según el desplazamiento de las fronteras del mercado.

REPLANTEAMIENTO ABSOLUTO

Para desarrollar una estrategia del océano azul es necesario replantearse el conjunto de planteamientos en los que se basa un mercado, aquellos que los estudios de mercado describen por medio del análisis de la estructura existente.

- Si un producto lo compran principalmente hombres, ¿cómo hacer que las mujeres se interesen por él?
- Si se distribuye exclusivamente a través de profesionales intermediarios, ¿el cliente final puede ser directamente nuestro objetivo?
- Si está reservado a un mundo de expertos, ¿se puede vulgarizar?

Así pues, la innovación no es sinónimo de aumento de los precios –algo que a menudo sucede con las innovaciones estrictamente tecnológicas—. Reubicar un producto en el mercado ampliando sus destinatarios puede conducir a aumentar considerablemente el número de unidades vendidas y, por consiguiente, bajar el precio repartiendo los costes fijos. Además, el replanteamiento de los usos puede permitir prescindir de ciertas opciones o funcionalidades que hasta el momento se habían considerado imprescindibles y así reducir el precio final. No obstante, la estrategia del océano azul no comporta automáticamente una bajada de precios, aunque sea una consecuencia frecuente de esta. Como ejemplo, se pueden nombrar los PC que sustituyen a los *mainframes* (ordenadores centrales) de antaño o los teléfonos inteligentes (o *smartphones*), que van sustituyendo cada vez más frecuentemente a los teléfonos fijos.

EXCLUIR O CREAR, MITIGAR O REFORZAR

Si la estrategia del océano azul consigue «desplazar el cursor», cuando los parámetros del mercado en el que evoluciona la empresa ya se han definido hay que determinar cuáles son los que hay que reforzar, los que hay que mitigar, los que hay que excluir y finalmente los que hay que crear (que no figuraban en la lista inicial).

Ilustramos este planteamiento con un ejemplo extraído de la industria automovilística. En 1998, Louis Schweitzer (nacido en 1942), que en aquel entonces era el responsable de Renault, anunció una innovación radical en el mercado automovilístico: un coche *low cost*. Fruto de esta aventura nació el Logan. Inicialmente enfocado a los mercados de Europa del Este, este vehículo tuvo un gran éxito en Francia, que se convirtió en el primer país de importación del Logan, fabricado en Rumania, en la fábrica Dacia.

El éxito en este ejemplo viene dado por una estrategia de redefinición del modelo. De forma general, la industria automovilística se ha construido a partir de una carrera enfocada a lo «más»: vehículos más grandes, más cómodos, más seguros, con más opciones y, por consiguiente, más caros. Renault responde al desafío por medio de la optimización de las sinergias entre diferentes vehículos en la fábrica Dacia, adquirida en 1999, y por medio de la renuncia a la idea del lujo automovilístico. El Logan se comercializa por 4 500 euros en los países emergentes y por 7 500 euros en Francia, donde los consumidores exigen unas opciones mínimas.

Pero *low cost* no significa de menor calidad. Aunque no encontramos un salpicadero de raíz de nogal, el Logan es extremadamente robusto, ya que está pensado para mercados donde a menudo las carreteras no están en muy buen estado y donde el mantenimiento de los automóviles no es tan frecuente como en los países occidentales.

Asimismo, Renault rompe con las experiencias anteriores que resumían el coche barato al pequeño coche de ciudad (el Twingo de los años noventa, por ejemplo, o el Smart). Con el Logan, el grupo propone un coche familiar, con espacio interior y un amplio maletero.

Excluir, reforzar, mitigar y crear

Excluir	Reforzar
Lujo	Fortaleza Espacio interior
Mitigar	**Crear**
Bienestar	Segmento de precios *low cost*

A través de la redefinición de su estrategia, Renault superó sus expectativas al atraer a más clientes de lo previsto: además de llegar al público al que estaba dirigido en las economías emergentes, el Logan también sedujo en Francia a consumidores que habitualmente, por razones presupuestarias, se habrían decantado por el mercado de segunda mano. El coche *low cost* fue capaz de captar esta parte del mercado que busca ante todo una buena relación calidad-precio, por encima de la estética de los vehículos.

LÍMITES DEL MODELO Y EXTENSIONES

El rigor científico de la estrategia del océano azul parece discutible en algunos aspectos. ¿No debería verse en ella una perspectiva interesante del éxito de algunas empresas? Otras tesis completan igualmente, en el infinito, la comprensión de estrategias de conquista de las empresas. Citemos por ejemplo la conocida obra de Thomas J. Peters: *In search of excellence* (1982).

LA ESTRATEGIA DEL OCÉANO AZUL, ¿UN PATRÓN DE INTERPRETACIÓN EN LUGAR DE UN MÉTODO REVOLUCIONARIO?

El éxito del libro sobre la estrategia del océano azul ha recibido algunas críticas. La obra está repleta de ejemplos de todos los sectores de la economía, lo que facilita su lectura, pero algunos han visto en esta diversidad de referencias un indicio de la relativa fragilidad de esta teoría.

Además, algunos han señalado el carácter deductivo del planteamiento de W. Chan Kim y Renée Mauborgne quienes, partiendo de éxitos espectaculares, habrían buscado un concepto que englobase estos diferentes ejemplos. Así pues, la estrategia del océano azul sería antes una lectura *a posteriori* que una metodología innovadora que actúe para desarrollar un planteamiento creativo del mercado, aunque los autores exponen las etapas que preconizan para pasar de un océano al otro. ¿Acaso el éxito de cada empresa no podría interpretarse como la aplicación, aunque sea inconsciente, de una estrategia del océano azul? Los ejemplos que se desprenden de la historia económica, desde Henry Ford (industrial estadounidense, 1863-1947) hasta Guy Laliberté (fundador del Cirque du Soleil, nacido en 1959), nos llevan a pensar que sí, ya que en el pasado se ha practicado este método sin saberlo.

Desde el punto de vista de las ciencias sociales, se constata la ausencia de homogeneidad en los ejemplos, lo que hace que las comparaciones de la obra sean científicamente contestables. ¿En qué se parecían las situaciones iniciales de las diferentes empresas citadas en el libro?

Además, la situación inicial de océano rojo no se caracteriza en el libro, puesto que no hay un número —relativo o absoluto— de actores en un mercado ni de criterios en términos de competencia que marquen la entrada en un océano rojo. Asimismo, la situación de llegada, el océano azul, es poco más cuantificable, lo que puede ser fatal *a fortiori* ya que la empresa migra hacia lo desconocido eligiendo innovar sin saber si los consumidores aceptarán (y por consiguiente valorarán) la innovación.

La innovación en valor, espina dorsal de la estrategia que los autores preconizan, tiene dificultades para emerger como un nuevo concepto, puesto que tiene una definición deficiente. Los propios ejemplos demuestran esta flaqueza. Se extraen tan pronto del *marketing* como del *packaging* o de la publicidad, de la organización de la empresa o de las innovaciones tecnológicas o científicas. La innovación en valor se resumiría en el hallazgo de una plusvalía para la empresa y de un precio a la baja para el cliente. ¿Pero esto es resultado de una innovación tecnológica o de un mejor posicionamiento de *marketing*? El alcance de la innovación en valor parece un poco impreciso, ya que este concepto podría abarcar tanto una revolución a nivel del producto como la adopción de un discurso un poco más eficaz con los consumidores.

El método puede igualmente suscitar reservas. La estrategia del océano azul se apoya en una lectura exhaustiva de la curva de valor, y por eso no permitiría conducir a innovaciones de ruptura, sino que únicamente llevaría a innovaciones incrementales, es decir, a la mejora de los productos o de los procesos existentes. El planteamiento de W. Chan Kim y Renée Mauborgne se basa en efecto en lo existente para imaginar lo nuevo, mientras que sería necesario hacer caso omiso de la situación actual para innovar radicalmente. Como veremos más adelante, los dos autores se inspiran enormemente en los clientes existentes y potenciales de la empresa para construir la nueva oferta. Sin embargo algunas innovaciones, en especial las más radicales, despiertan escepticismo. Cierto es que la innovación no siempre recibe la aprobación inmediata del público. En la crítica que hace de la estrategia del océano azul, el consultor en innovación Benoît Sarazin (especializado en el «*marketing* de lo incierto») recuerda que a Nestlé le han hecho falta 15 años para imponer Nespresso, y que Guy Laliberté no tuvo éxito inmediato con el Cirque du Soleil. Así pues, el método no es una receta para el éxito sistemático.

LA INNOVACIÓN, DE LA ECONOMÍA A LA EMPRESA: LOS MODELOS RELACIONADOS

Aunque quieren perfeccionar la teoría de la innovación, no cabe duda de que W. Chan Kim y Renée Mauborgne forman parte de la corriente de Joseph Schumpeter (1883-1950), en el origen de la destrucción creadora. Este economista abordó la innovación en la totalidad de sus aspectos, tanto en materia de organización de las empresas en lo que concierne al trabajo y a la producción como en las oportunidades comerciales de la naturaleza de los productos. Sin embargo, ¿qué genera la búsqueda de un océano azul si no es la destrucción de los antiguos mercados maduros o antiguos (o al menos su reducción) en beneficio del que ha sido creado recientemente? A parte de la teoría del ciclo de vida ya explicada, nos encontramos entonces con el riesgo de canibalización que, en una estrategia de *marketing* de gestión de una cartera de productos, puede causar, para los productos existentes, una reducción de las ventas o de las cuotas de mercado, independientemente del sector de actividad: así pues, es fundamental estimar si el beneficio generado por el nuevo producto será superior a las potenciales pérdidas del existente. La empresa se hace en realidad competencia a sí misma. Sin embargo, esta canibalización puede ser una buena estrategia para una extensión de la marca (por ejemplo Marlboro) ya que permite la entrada en un mercado hasta entonces sin explotar por la empresa. En este caso, podemos entrever el sueño del océano azul.

Los conceptos de océano rojo y océano azul hacen pensar también en las innovaciones de apoyo y de ruptura que destacaron Michael E. Raynor y Clayton M. Christensen en su primera obra, *The Innovator's Dilemma: When New Technologies Cause Great Firms to Fail* (1997). Según ellos, las innovaciones de apoyo mejoran los productos existentes y las innovaciones de ruptura eliminan la competencia formando un nuevo mercado. Este planteamiento se une al de la estrategia del océano azul. La innovación de apoyo corresponde a los esfuerzos que los agentes económicos invierten para sobrevivir en el océano rojo, mientras que la innovación de ruptura se asemeja a las consecuencias positivas para la empresa que ha llegado al océano azul.

APLICACIÓN DEL CONCEPTO

El concepto de la estrategia del océano azul es antes que nada un método estratégico que comprende varias etapas.

CONSEJOS Y BUENAS PRÁCTICAS

Seis preguntas para navegar hacia el océano azul

W. Chan Kim y Renée Mauborgne identifican seis preguntas centrales relacionadas con la elaboración de una estrategia del océano azul.

- **¿Qué alternativas existen en el mercado?** Se trata de situarse en el punto de vista del consumidor para determinar los arbitrajes de la obra. En las intenciones de compra del consumidor pueden estar compitiendo dos bienes diferentes, cuyos productores podrían considerar totalmente independientes. Así, las vacaciones y las obras en la casa constituyen ambas gastos libres, que confluyen: el año en el que la familia escoge hacer obras en una planta de la casa, gastará menos en las vacaciones de verano.

- **¿Cuáles son los intereses de los grupos estratégicos presentes?** Aquí se trata de dar prioridad a las preocupaciones de fondo de los diferentes grupos presentes. Se nombran generalmente dos: el precio y el rendimiento.
- **¿Cómo se forma la cadena de compradores y usuarios?** Algunas empresas venden directamente al usuario, otras pasan por intermediarios. No obstante, romper esta cadena puede permitir llegar a un océano azul. Es lo que ha hecho Nespresso, que no ha vendido sus cápsulas en las redes tradicionales (grandes superficies alimentarias), sino que ha desarrollado su propia red de tiendas de alta gama.
- **¿Cuáles son los productos y servicios complementarios?** Esta pregunta es importante, porque permite el éxito de la secuenciación estratégica, teniéndola en cuenta en su conjunto. El éxito de Apple en los inicios de la década del 2000 se desprende de los contenidos (en especial la música digital) que la empresa supo ofrecer para abastecer a sus productos (iPod, etc.).

- **¿Cuál es el contenido funcional o emocional del sector?** Añadir valor o, al contrario, liberar a un producto de una carga simbólica demasiado fuerte participan en la búsqueda de un océano azul. El ejemplo de Nespresso, que supo dar una imagen de lujo a sus cápsulas de café, es muy significativo.
- **¿Qué grandes tendencias determinarán el comportamiento de los consumidores?** La protección del medio ambiente o la búsqueda de la realización personal constituyen las grandes tendencias de las sociedades contemporáneas, en las que hay que buscar inspiración para imaginar los productos y servicios del océano azul.

Estimulación y creatividad: un recorrido de cuatro etapas

W. Chan Kim y Renée Mauborgne proponen una metodología para aplicar la estrategia del océano azul en la empresa. Identifican cuatro etapas clave:

- **el despertar visual** pasa por el dibujo de la curva de valor. Por cada criterio constitutivo de la oferta, la empresa remarca sus debilidades y fortalezas en comparación con la competencia. Esta primera etapa sirve antes de nada para crear consenso entre los equipos de la empresa subrayando, a través de la representación, la necesidad de un cambio para volver a encontrar el camino de la creación de valor. También sitúa a la empresa en relación con sus competidores. ¿Hay una diferenciación marcada o, por el contrario, esta es casi inexistente? La respuesta a esta pregunta vendrá dada por el camino que sigan las dos curvas;

- **la exploración visual** consiste en ir al terreno para darse cuenta del potencial innovador que hay que desarrollar. ¿Cómo revolucionar un mercado sin conocer a sus usuarios? Preguntar con regularidad a sus clientes resulta indispensable pero insuficiente. El cliente no es necesariamente un usuario del producto. La estrategia del océano azul pretende aumentar los clientes existentes, y por eso también hay que plantearse preguntar a los no clientes relativos para conocer sus costumbres y expectativas;

- **el trabajo de campo**, organizado con miembros de la empresa pero también con personas externas (clientes, destinatarios, colaboradores, etc.), permite validar la pertinencia de los criterios de oferta que se han mantenido. El objetivo es construir una estrategia sobre bases ajenas a la intuición y vencer los obstáculos internos, como la famosa resistencia al cambio;

- **la comunicación visual** se impone entonces, una vez se ha definido la estrategia. Todo el equipo tiene que asociarse a la revolución de la empresa. Así como la comprensión de los límites de lo existente era visual mediante la curva de valor, esta fase también requiere un dibujo. Este facilitará la visualización de los nuevos objetivos y la apropiación de la estrategia del océano azul por parte de todos, independientemente del nivel jerárquico.

Los productos pioneros, emigrantes y colonos

Entre las herramientas que exponen W. Chan Kim y Renée Mauborgne, el análisis de los productos de la empresa resulta a menudo útil para formar una estrategia. Los autores proponen clasificarlos en tres familias:

- **los productos colonos** se encuentran dentro de la norma del sector. Estos productos o servicios se ajustan a la curva de valor más habitual y, en unos mercados en constante evolución como los nuestros, su perspectiva de futuro es muy limitada. Forman parte del océano rojo;

- **los productos pioneros**, por el contrario, crean un valor sin precedentes. En los años venideros, encontrarán una gran masa de clientes y un fuerte crecimiento. Representan al océano azul;

- **los productos emigrantes** navegan entre los dos. Mejoran el valor para el cliente y la empresa, pero su innovación no es suficiente como para poder instalarse en el océano azul por un largo periodo de tiempo.

Tipos de productos

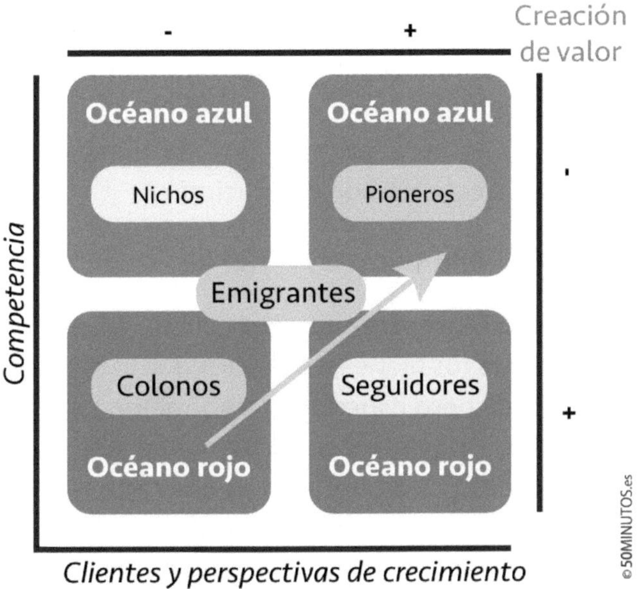

A la conquista de los no clientes

La espina dorsal de la estrategia del océano azul es la conquista de nuevos clientes. Las técnicas de supervivencia en el océano rojo empujan a las empresas a intentar apropiarse de las cuotas de mercado de la competencia. No obstante, aunque se observe una transferencia de clientes de un actor a otro, el mercado sigue teniendo el mismo tamaño. *A contrario*, la estrategia del océano azul quiere ampliar el mercado extendiendo sus fronteras, gracias a la inclusión de clientes que provienen de categorías que, hasta ahora, no compraban este tipo de bienes o no recurrían a este tipo de prestaciones.

Hay que diferenciar tres niveles de no clientes:

- **los no clientes inminentes** consumen ocasionalmente los bienes o servicios que la empresa propone, pero esperando algo mejor. Cuantos más hay, más frágil es el mercado. Así, la cadena británica de comida rápida Prêt À Manger supo atraer a una clientela profesional que iba al restaurante tradicional a falta de algo mejor;
- **los «anti»**, también llamados «no clientes absolutos» (Kotler et *al.* 2006), no utilizan nunca los productos o servicios del mercado estudiado, ya sea porque se oponen a ello, ya sea porque no pueden permitírselos. Los habitantes del centro de las ciudades se muestran así muy poco receptivos a los vehículos 4 x 4, conocidos por ser más contaminantes y difíciles de aparcar en la ciudad;

- **los inexplotados o clientes relativos** no están afectados de inmediato por este mercado porque los responsables de la toma de decisiones nunca se han molestado en contemplarlos dentro de sus objetivos. Sin embargo, pueden constituir clientes potenciales.

ESTUDIO DE CASO — LA WII, OCÉANO AZUL DE NINTENDO

En 2006, Nintendo lanzó la Wii. Esta consola de juegos registró un crecimiento rápido que aseguró beneficios considerables para la empresa durante varios años. Los resultados de ventas de la consola fueron muy satisfactorios pero el éxito se hizo notar todavía más en el terreno de los videojuegos. Se comercializaron más de 80 millones de ejemplares de Wii *Sports*, un resultado que superó con creces al de la competencia. Sin lugar a dudas, Nintendo se inscribió en una estrategia del océano azul mediante un replanteamiento de la tecnología y una redefinición de la política de precios y del perímetro del mercado.

La Wii bajo las seis preguntas de la estrategia del océano azul

- **¿Qué alternativas existen en el mercado?** Nintendo centró su interés en los pasatiempos de la población, por encima de su posicionamiento en relación con sus competidores en el mercado del videojuego. Puesto que el desarrollo de las prácticas artísticas y creativas, así como el mantenimiento y la puesta en forma constituyen dos centros importantes desde la década de los años 2000, la firma decidió crear su mercado, asociando sus conocimientos en materia de consolas de juegos con el desarrollo de nuevos usos: hacer deporte (se vendieron más de 80 millones de ejemplares del juego Wii *Sports*), bailar, mantenerse en forma, hacer música, etc. Todas estas actividades virtuales son posibles gracias a la tecnología de la Wii, que se basa en la detección de movimientos, substituyendo el tradicional *joystick*.
- **¿Cuáles son los intereses de los grupos estratégicos presentes?** En términos de precio, la Wii se posicionó por debajo de sus principales competidores, que se vieron progresivamente obligados a imitarla. Esta estrategia se impuso

para ampliar el público del videojuego, un público de más edad y menos cautivado por los mismos. El producto, aunque innovador en sus funcionalidades, tiene componentes de menor calidad en relación con sus competidores, la PS3 y la Xbox. Esta reducción de los estándares condujo a una disminución de los precios limitando algunas posibilidades tecnológicas, menos cruciales para una consola destinada a todas las edades, con juegos menos orientados a la velocidad y a la alta resolución.

- **¿Cómo se forma la cadena de compradores y usuarios?** Editora de juegos desde su fundación a finales del siglo XIX, la empresa Nintendo eligió dirigirse directamente a sus usuarios, sin pasar por un intermediario, para comercializar los juegos de la Wii. Este tipo de evolución es posible hoy en día gracias a la generalización de Internet. En 2006, al mismo tiempo que lanzaba el juego revolucionario, Nintendo desarrolló el Canal Tienda Wii, que permite a los usuarios ganar puntos de fidelidad proporcionales según sus compras de juegos.

- **¿Cuáles son los productos y servicios complementarios?** Existen dos categorías de productos complementarios que participaron en el auge de la Wii: los accesorios y los juegos. El Wiimote, mando a distancia de la Wii, está conectado con la consola por medio de *bluetooth* y, a través de un acelerómetro, le transmite los movimientos del jugador: sus saltos, desplazamientos laterales, giros, etc. Poco después aparecieron otros accesorios entre los que se encuentran el micro o la tabla de dibujo, que permite entre otras cosas adaptar a la consola un juego de mesa como el *Pictionary*, concebido para un público más familiar. Por otra parte, Nintendo se aseguró de comercializar con la Wii sus productos más famosos, entre los que destacan *Mario Bros* y *Zelda*. Finalmente, en el centro del éxito encontramos los sensores de ritmo cardíaco y la báscula, que capta los movimientos del pie: transforman la casa del jugador en centro deportivo y la consola en monitor. Estamos a medio camino entre el juego y el cuidado del cuerpo.

- **¿Cuál es el contenido funcional o emocional del sector?** El videojuego tiene un contenido tecnológico y cultural a la vez. Las evoluciones observadas desde los primeros modelos de consolas, en los años setenta, son enormes y rápidas. Cabe destacar que la Wii se sustituyó por otros productos. Su recorrido es parecido al de los ordenadores, de las grandes unidades centrales hacia los portátiles asociados a tabletas táctiles. Pero el videojuego también se ha convertido en un asunto cultural: los primeros juegos, por ejemplo, muchos de los que vienen de Nintendo, se han convertido en referencias para las generaciones que han crecido a partir de los años ochenta. Los universos de *Space Invaders*, de *Mario Bros* o de *Zelda* forman parte de la representación colectiva. Algunos juegos más contemporáneos crean comunidades de jugadores que se intercambian informaciones y establecen relaciones virtuales constantes. Nintendo ha sabido mantener esta fuerte dimensión cultural en los juegos de la Wii, pero además ha sabido desprenderse de esta tecnocultura para ampliar su oferta. Así pues, el público sexagenario no parece nostálgico y no extraña el universo de *Super Mario*. Para convertirles en clientes de una consola de juegos, hacía falta ofrecerles otras perspectivas y jugar más con las funcionalidades que con la tecnología. La navegación y la visualización se han simplificado considerablemente en la Wii, lo que ha comportado que el usuario se sienta cómodo sea cual sea su nivel de conocimientos tecnológicos.

- **¿Qué grandes tendencias determinarán el comportamiento de los consumidores?** En su oferta de juegos para la Wii, Nintendo ha sabido captar grandes tendencias de las sociedades occidentales. El envejecimiento de la población —más acentuado en Japón que en cualquier otro sitio— inspiró el desarrollo de esta consola, más universal que sus competidores. El programa de entrenamiento cerebral avanzado del doctor Kawashima (nacido en 1959) tuvo un gran éxito en este terminal, gracias a la demanda de la tercera edad. El desarrollo personal, la expresión del yo a través de la creación o del cuerpo constituyen grandes aspiraciones de la sociedad actual. Durante algunos años, la Wii supo navegar en esta tendencia proponiendo un producto nuevo, que aporta más valor para el consumidor —un lugar de juego que permite mantenerse en forma física e intelectual de manera simultánea—, con un bajo coste de fabricación. Así, mientras Nintendo generaba beneficios gracias a la Wii, y no solamente con la venta de juegos, algunos de sus competidores cosecharon menos éxito y tuvieron que vender la consola con pérdidas para compensar los productos y servicios relacionados.

Wii y los tres tipos de no clientes

El éxito de la Wii viene dado por un análisis excelente de los no clientes que desplazó las fronteras del mercado. Nintendo habría podido contentarse con luchar para tomar o conservar una ventaja tecnológica o de precio. Esto le habría permitido conquistar más cuotas de mercado, pero sin lugar a dudas este avance habría sido provisional, ya que los competidores habrían respondido rápidamente. Así, la batalla no se libró en el terreno de los «no clientes inminentes», es decir, los que pueden pasar de un proveedor a otro según las ofertas que tengan.

Nintendo también supo seducir a los «anti», aun si los videojuegos, como hace unos años la televisión, causan polémica. Se les acusa de causar adicción en los jóvenes y de acostumbrarles a una violencia extrema. Sin embargo, es difícil dirigir una crítica semejante a Wii *Sports*, que ofrece la posibilidad de jugar al tenis o a los bolos en su propio salón. Además, hay que recordar que este videojuego superó los 80 millones de ejemplares vendidos, lo que hace que sea el más vendido de toda la historia de los videojuegos (incluso superando a *Super Mario Bros*, del que se vendieron 40 millones de ejemplares).

Finalmente, Nintendo ha sabido atraer a los «inexplotados», a los que nunca antes se había dirigido al mundo de los videojuegos. Estos usuarios sin una especial atracción por las imágenes y la tecnología, adultos, incluso envejeciendo, han encontrado en la Wii algo con lo que distraerse y soltarse. Este fenómeno habría sido impensable algunos años atrás.

En 2012, Nintendo intentó renovar la explotación lanzando la Wii U, que pretendía relevar a la Wii. Desafortunadamente, parece que el ambiente habría evolucionado mucho en seis años —principalmente a causa del auge de las tabletas táctiles y de los *smartphones*—, que el acceso al juego se habría generalizado y que cada vez más personas prescindirían ahora de consola. Este objeto es ahora la prerrogativa de un público mucho más adepto. ¿Qué futuro le espera a esta empresa innovadora?

EN RESUMEN

- La estrategia del océano azul, ¡un nuevo modelo de dirección económica hacia el rendimiento!
- En un mundo cada vez más competitivo, las empresas se desgastan intentando colocarse por encima de sus competidores, de ahí el creciente número de quiebras.
- Esta estrategia innovadora, teorizada por W. Chan Kim y Renée Mauborgne, profesores del INSEAD, describe la manera en que las empresas pueden librarse de una competencia demasiado viva en los mercados «océanos rojos», encontrando mercados «océanos azules» en los que podrían evolucionar solas (en una etapa inicial).
- La metáfora de los océanos rojos (sectores con mucha competencia) y de los océanos azules (nichos con poca competencia) permite describir el mercado en su globalidad.
- El paso de un océano rojo hacia un océano azul se efectúa con la innovación en valor, que aumenta el valor de uso para el cliente a la

vez que mejora el modelo económico para la empresa. Esto puede conducir también a una reducción del precio de venta.

- La estrategia del océano azul se basa en el desplazamiento de las fronteras del mercado, en el replanteamiento de los valores y las creencias, en la conquista de los clientes hasta ahora ajenos a ese mercado y en la revolución de los modos de posicionamiento y de distribución.

- En época de incertidumbre financiera y de gran preocupación por el *cost-cutting* (reducción de costes), no hay que desatender los riesgos financieros y técnicos relacionados con el mercado. La naturaleza del espíritu humano no le permite desprenderse fácilmente de lo que existe para imaginar lo que todavía no existe, es decir, las ideas radicalmente nuevas, lo que los economistas llaman innovaciones de ruptura. Así pues, las predicciones sobre cómo reaccionarán los consumidores son muy aleatorias.

- Finalmente, si este planteamiento recuerda, como es muy pertinente en el contexto actual, la importancia de la innovación y de la creación de mercado, no explica desafortunadamente por qué tan pocas empresas lo integran. Así, cabe constatar que la mayor parte de las empresas se limitan a la optimización de sus productos y/o servicios existentes.

¡Tu opinión nos interesa!
¡Deja un comentario en la página web de tu librería en línea,
y comparte tus favoritos en las redes sociales!

PARA IR MÁS ALLÁ

FUENTES BIBLIOGRÁFICAS

- Cazals, François. 2009. "Stratégie Océan bleu de la Wii". *Distriforce. Stratégies innovantes.* Consultado el 31 de enero de 2018. http://cazals.fr/strategie-ocean-bleu-de-la-wii/

- Démeter et Kotler, "Océans bleux et océan rouges", 2012. Consultado el 23 de mayo de 2014. http://demeteretkotler.com/2012/07/11/ocean-bleu-ocean-rouge/

- Des Livres Pour Changer De Vie, "Stratégie Océan bleu". Consultado el 31 de enero de 2018. http://www.des-livres-pour-changer-de-vie.fr/strategie-ocean-bleu/

- INSEAD (Blue Ocean Strategy Institute). Consultado el 31 de enero de 2018. http://www.insead.edu/blueoceanstrategyinstitute/home/index.cfm

- Kim, W. Chan. y Renné Mauborgne. 2010. *Stratégie Océan bleu: comment créer de nouveaux espaces stratégiques.* París: Pearson, colección *Village mondial.*

- Kotler, Philip y Kevin Lane Keller. 2006. *Marketing Management.* París: Pearson.

- Sarazin, Benoît. 2013. "Pourquoi la méthode Blue Ocean ne suffit pas". *Le blog de l'innovation de rupture*. Consultado el 31 de enero de 2018. http://benoitsarazin.com/francais/2013/10/methode-blue-ocean-suffit-pas.html

- Tabatoni, Pierre. 2005. *Innovation, désordre, progrès*. París: Economica.

- Timos, Laurent, Maxime Ghoggal y Barath Poubady. s. f. "Mercatique de la Wii". Consultado el 23 de mayo de 2014. http://laurent-timos.olympe.in/communication/Dossier%20Mercatique%20Nintendo%20Wii.pdf

50MINUTOS.es
Historia
Economía y empresa
Coaching
Book Review
Salud y bienestar
Arte y literatura
EL DIAGRAMA DE ISHIKAWA
LA GUERRA DE PALESTINA DE 1948
DOMINA EL ARTE DEL NETWORKING
¡APRENDER NUNCA ANTES FUE TAN RÁPIDO!
www.50minutos.es